柬埔寨知识产权

完整导读

David Haskel & Pheng Thea

Abacus IP

436 Plov Lum，Chamkar Orvleuk

Sangkat Kakab，Khan Posenchey

柬埔寨，金边

www.abacus-ip.com.cn

info@abacus-ip.com.cn

目录

第 1 章：

商标

历史背景

虽然商标以及其他形式的知识产权在法国殖民时期和 1953 年柬埔寨独立之后受到法律的保护，但其行政及法律制度在 1970 年代被严重摧毁。目前的商标法和行政制度可追溯到 20 世纪 90 年代初，以及结束了柬埔寨内战的《巴黎和平协议》。

1991 年商务部对外贸易司对外关系及商标局成立，开始接受及注册数百个国际商标。尽管缺乏有效法律或法规，但外国商标申请须向商务部对外贸易司对外关系及商标局提交，并在此注册，而国内商标申请须向工业矿产能源部提交，并在其注册。

1997 年，知识产权司取代了以前的结构，并在商务部技术总局长的监督下成立。两年后，成立监管知识产权三大领域的部长级委员会，以制定柬埔寨加入世界贸易组织的相关法律。

此后不久，国会于 2002 年 2 月 7 日颁布了《商标、商号和不正当竞争行为法律》（《商标法》）。该法之后是 2006 年《商标法实施二级法令》。

在过去的几年中，商务部发布了几项指引法令（宣告），以改善商标的注册和执法。其中包括在线提交申请的程序，马德里体系之下国际申请，认证标志和独家分销权。

商标的定义

柬埔寨《商标法》将"商标"定义为能够区分企业的商品（商标）或服务（服务商标）的任何可见标志。[1]这些标志具体包括文字，名称，字母，数字，徽标，图形，标签，签名，标语，颜色（和颜色组合），形状，三维标志和全息图。因此，产品的形状和外观以及包装都是可注册的。非传统的不可见商标，例如声音，气味，手势和动作，则不能被注册。颜色商标 必须至少包含两种颜色，不包括单色商标。

集体商标 是一个组织持有的商标，该组织的成员使用该商标来标识自己的质量标准或地理来源或组织设定的其他特征。"集体商标"必须是能够区分原产地或任何其他共同特征的可见标志，包括使用集体商标注册所有者控制下的标志的不同企业的商品或服务质量。[2]

----

[1] 《商标法》，第 2 条
[2] 同上

商号

《商标法》定义了术语"商号"，它也被称为营业名称或企业名称，它用于识别和区分企业的名称和/或称号。[3]根据其本质或使用，任何违反公共秩序、道德或对所识别企业具有欺骗性的商号都是被禁止的。[4]即使没有注册，商号也受到保护，不受第三方非法行为的侵害。[5]随后使用可能会误导公众的商号，或任何类似名称都是被禁止的。

申请流程

所有商标均在商务部知识产权司 (D/IPR)进行申请。知识产权司将会接收单个商标在多个分类中的申请，但必须为每个分类支付正式申请费用。外国商标申请人必须由一位在柬埔寨王国居住并执业的柬埔寨商标代理人代理。[6]国内申请人，无论是个人还是公司，都可以自行申请注册，或者雇用代理人代为办理注册手续。如果雇用了一位代理人，则必须由公证人公证或由律师认证一份授权

---

[3] 同上
[4] 《商标法》，第 20 条
[5] 《商标法》，第 21(a)条
[6] 《商标法》，第 58 条

委托书（POA）。经过公证或经过认证的委托书（POA）可以在申请日或申请日后的两个月内提交。[7]

虽然柬埔寨并未签署商标注册用商品和服务国际分类尼斯协定，也未签署建立商标图形要素国际分类维也纳协定，但柬埔寨依然遵守这两大分类系统。除非商品或服务的性质清楚，否则不接受类别标题。如果商标由图形元素组成或包含图形元素，则必须使用维也纳分类进行描述。同样，当商标由非英语单词组成或包含非英文单词时，音译和意义也是必须的。

对于根据巴黎公约要求给予优先权日期的商标申请，必须在较早申请之日起六个月内提出。申请必须包含优先申请的办公室名称，优先申请日期，以及申请号和国家名称。优先权文件的核证副本必须在商标注册处要求之日起三个月内提交。[8]

提交申请的最低要求如下：[9]

-    申请人的全名；

-    申请人的详细地址；

-    每个分类 15 份标志图样；

-    国际分类，以及商品和/或服务规范；

---

[7]《商标法实施二级法令》，第 7 条
[8]《商标法实施二级法令》，第 13 条
[9]《商标法实施二级法令》，第 16 条及 0016 号公告

- 每个分类 105 美元的正式费用。

提交以上信息后，商标注册处将发布"确认提交指示"，并会将商标信息发布在 D/IPR 和世界知识产权组织（WIPO）的在线数据库中。此后其他必需的信息和文件也必须相应提交。目前在柬埔寨商标注册过程通常需要大约九个月到一年的时间，但根据商标的性质，申请人和商标注册处，可能会遇到更长的等待时间。如果申请人认为申请和注册之间的延迟会导致他们处于严重不利的地位，他们可以请求加急审查。这一请求必须以书面形式递交，并附有一份声明，说明请求的理由。

当认定商标申请符合《商标法》的要求时，D/IPR 会发布商标注册接受通知，并且在注册费用支付之后，授予商标注册证书。

马德里体系之下的注册

柬埔寨于 2015 年 6 月 5 日成为马德里国际商标注册体系的成员。该系统可协助申请人在全球多个国家提交申请。品牌所有者不必在每个国家/地区分别提交商标申请，只需向其国家或地区知识产权局提交一份申请，然后选择要注册的其他国家/地区。这极大地简化了流程并降低了成本，因为马德里体系成员包括 110 多个国家。继柬埔寨加入《马德里议定书》之后，柬埔寨政府于 2016 年 11 月 1 日颁布了《关于马德里议定书国际商标注册程序的新指引法令（宣告）》。该声明规定了，当柬埔寨是原属局或是由缔约方选定的指定局时，具体需要的流程和文件。

商标数据库和搜索

商标注册及申请信息的完整数据库作为WIPO全球品牌数据库的一部分进行维护，可直接通过 WIPO 网站[10]或通过 D/IPR 网站获取[11]。此外，东盟 TMview 系统[12]，东盟成员国常用的在线商标信息平台，会复制数据库，但仅每周更新一次。

任何利害相关方都可以要求均可通过提交适当的申请表指明要搜索的商标和分类，来要求进行一次官方可注册性或相似性搜索，并向 D/IPR 支付官方费用。查询所得的可注册性搜索报告将指示商标是否可以注册，而相似性搜索将仅显示先前的类似商标和完全相同的商标。

注册禁例

以下情况的商标无法合法注册：[13]

- 无法将一个企业的商品或服务与其他企业的商品或服务区分开来；

- 违反公共秩序或道德或良好风俗；

---

[10] http://www.wipo.int/branddb/kh/en/
[11] http://www.cambodiaip.gov.kh/SearchMark.aspx
[12] http://www.asean-tmview.org
[13] 《商标法》，第 4 条

- 可能误导公众或贸易界，特别是有关商品或服务的地理来源或其性质或特征；

- 与任何国家、政府间组织或组织所使用的徽章、旗帜和其他标志相同，对其模仿或者包含；或者与任何国家、政府间组织或组织所使用的商标名称、缩写或名称首字母缩写或正式标志或印记相同，对其模仿或者包含，除非获得该国家或组织的授权同意；

- 与柬埔寨王国所熟知的另一企业的相同或相似产品或服务的商标或商号相同或混淆性相似，或者构成其翻译；

- 与柬埔寨王国所熟知的或在柬埔寨王国已注册的产品或服务的商标或商号相同或混淆性相似，或者构成其翻译，其中的商品或服务与申请注册的商品或服务并不相同或相似，只要与该商品或服务相关的商标之使用会表明这些商品或服务与驰名商标所有者之间存在关联，从而通过这种使用可能损害驰名商标所有者的利益；或

- 与属于不同所有者且已成功注册的商标，或与处于早期申请或优先权日期的商标相同，且与这些商标的商品或服务完全相同或密切相关的商品或服务，或者太过类似这些商标以至于很可能造成欺骗或造成混淆。

如果申请有上述任一违规点导致不符合申请条件，D/IPR 将发布一则临时驳回商标注册通知。。申请人或指定代理人必须在 60 天内回复 D/IPR。若收到延时请求，将额外给予 45 天。如果 D/IPR 在这段时间内没有收到回复，该商标申请将失效，申请费将不予退还。

维护商标

若要维护或续展注册，必须在商标注册日期满五周年后的一年内向 D/IPR 提交使用或不使用宣誓书背书请求，若注册商标已经续展，则在续展注册日期满五周年后的一年内提交。[14]如果所有者或其法定代理人未能遵守本规定，商标注册处将从注册中撤销其商标。[15]

然而，在当前实践中，商标注册处很少主动从注册中撤销商标，但如果第三方提交请求，则可能构成注销的理由。

使用/不使用宣誓书背书请求的最低要求是商标注册证书的原件/副本各一份，以及一份使用/不使用宣誓书的签名原件。仅接受 D/IPR 颁发的商标注册证书的原件/副本。使用/不使用宣誓书的备案过程大约需要四到五个月才能完成。

---

[14]《商标法实施二级法令》，第 21 条
[15] 同上

商标注册证书的有效期为自商标申请之日起十年，每次续展有效期为 10 年，可无限次数续展。[16]续展商标申请可在注册到期之日前六个月内提交给 D/IPR。[17]如果注册商标的所有者或其法定代表人在注册到期之日前六个月内未能提交商标续展申请，仍可在随后六个月的宽限期内提交。如果注册商标所有者或其法定代表人未在注册第六年内提交使用/不使用宣誓书请求，则不予批准商标续展。在这种情况下，注册商标所有者或其法定代理人可以在续展申请之前或与其一起提交使用/不使用宣誓书的请求。

商标申请或商标注册证书的任何变更必须以书面形式向 D/IPR 提出。一旦请求和其他证明文件准备就绪，商标注册处将立即修改商标申请或商标注册证书中的记录，然后颁发一份变更备案证书。所有变更将发布在 D/IPR 和 WIPO 的在线数据库中。在正确记录之前，变更对第三方不具有效力。

许可证或特许经营备案

有关注册商标的许可证和特许经营协议可以在 D/IPR 进行注册和备案记录。未决申请的许可证不一定会被备案记录。许可合同中必须规定许可方对被许可方使用该商标的商品或服务质量的有效控制方法。如果许可合同不

---

[16]《商标法》，第 12 条
[17]《商标法实施二级法令》，第 22 条

规定质量控制，或质量控制未得到有效执行，则许可合同将无效。[18]禁止集体商标许可协议。

许可和特许经营合同须在 D/IPR 备案记录并注册。许可合同的内容将保密，但双方的名称和商标细节将公布。任何未备案记录和未注册的许可合同对第三方都没有效力。[19]英文许可证合同必须翻译成高棉文，并由商务部授权的柬埔寨商标代理人或专业翻译人员进行认证。[20]

已备案的被许可方可以强制执行商标注册，前提是他们已经先要求了商标所有者采取行动，而他们拒绝或未能这样采取行动。[21]

专有权备案

专有权备案申请遵循许可证或特许经营合同备案的类似程序。受益人必须是与商标注册所有者签订合同或专有权协议的法人。合同或专有权协议必须由公证人公证或由律师认证。受益人必须向 D/IPR 提交其专有权的备案请求以及其他证明文件。如果文件准备妥当，D/IPR 将在 60 天内向受益人发出确认函。无论合同中的条款或专有权协议如何，该确认函有效期均为两年，并在备案日

---

[18]《商标法》，第 19 条
[19]《商标法》，第 52 条
[20]公告编号 0738
[21]《商标法》，第 27 条

期后三个月生效。受益人必须连续三天在知名报纸上发布此确认函。

异议

一旦申请获得批准，商标注册处将在官方公报 公布注册情况并更新 D/IPR 和 WIPO 在线数据库中的商标状态。任何利害关系人可以在发布之日起 90 天内向商标注册处提交一份异议通知，附上支持性证据并支付官方费用。[22]如果出现一位由柬埔寨商标代理人代理的对手，则需要一份经过公证的 POA。

根据《商标法》，提出异议的理由是[23]：

- 注册不符合商标定义中的"能够区分企业的商品或服务的任何可见标志。"[24]

- 无法将一个企业的商品或服务与其他企业的商品或服务区分开来；[25]

- 违反公共秩序或道德或良好风俗；[26]

- 可能误导公众或贸易界，特别是有关商品或服务

---

[22]《商标法》，第 10(c)条
[23] 同上
[24]《商标法》，第 2(a)条
[25]《商标法》，第 4(a)条
[26]《商标法》，第 4(b)条

的地理来源或其性质或特征；27

- 与任何国家、政府间组织或组织所使用的徽章、旗帜和其他标志相同，对其模仿或者包含；或者与任何国家、政府间组织或组织所使用的商标名称、缩写或名称首字母缩写或正式标志或印记相同，对其模仿或者包含，除非获得该国家或组织的授权同意；28

- 与柬埔寨王国所熟知的另一企业的相同或相似产品或服务的商标或商号相同或混淆性相似，或者构成其翻译；29

- 与柬埔寨王国所熟知并在柬埔寨王国已注册的产品或服务的商标或商号相同或混淆性相似，或者构成其翻译，其中的商品或服务与申请注册的商品或服务并不相同或相似，只要与该商品或服务相关的商标的使用将表明这些商品或服务与驰名商标的所有者之间存在关联，从而通过这种使用可能损害驰名商标所有者的利益；或30

- 与属于不同所有者且已成功注册的商标，或与处于早期申请或优先权日期的商标相同，且与这些商标的商品或服务完全相同或密切相关的商品或服务，或者太过类似这些商标以至于很可能造成

27《商标法》，第 4(c)条
28《商标法》，第 4(d)条
29《商标法》，第 4(e)条
30《商标法》，第 4(f)条

欺骗或造成混淆。[31]

-   申请不符合商标注册处的程序要求，包括官方费用的支付。[32]

根据当前实践，商标注册处允许申请人在收到异议通知后 45 天内提交答辩声明。如果申请人未在 45 天内提交答辩声明或不采取任何行动，则视为放弃注册。[33]应任何一方的请求可以举行听证会。[34]

如果某注册商标未满足《商标法》第 2，4，10，13，14 和 15 条的一项或多项要求，则 D/IPR 可以使注册商标无效，撤销或注销。

无效

若无效，则允许任何利害关系人在任何时候以书面形式向 D/IPR 提交申请，出于该注册商标无法区分或违反《商标法》第 2(a) 条和"商标法"第 4(a-g)条规定的公共利益之理由，请求作废该注册商标。[35]这与提出异议的理由是一样的，区别在于提出异议可以基于第 5 条之下的程序性缺陷。注册处将向其代表发出通知告知无效理由。未能在收到日起 45 天内提交答辩声明，将导致注册商标失

---

[31]《商标法》，第 4(g)条
[32]《商标法》，第 5 条
[33]《商标法》，第 10(d)条
[34]《商标法》，第 10(e)条
[35]《商标法》，第 13 条

效，并在官方公报中公布。对于注册处的决定，可在决定之日起三个月内向商务部上诉委员会或管辖法院上诉。[36]

撤销

如果截至撤销请求提交前一个月，或者在商标注册后一个月，商标注册所有人或被许可方连续 5 年未使用该商标，则允许任何利害关系人提交书面请求，要求撤销该注册商标。[37]但是，如果商标注册所有者或被许可方证明特殊情况阻止了其对商标的使用，并且所有者或被许可方无意不使用或放弃这些商品或服务，则注册商标不能从商标注册处撤销。[38]此外，如果商标注册所有者或其代表未能提交使用或不使用宣誓书背书请求，则仍可撤销注册商标。[39]

注销

D/IPR 有权在下列条件下注销注册商标：[40]

-   申请人未在规定期限内申请注册商标的续展；

---

[36]《商标法实施二级法令》，第 24(7)条
[37]《商标法》，第 15 条
[38] 同上
[39]《商标法二级法令》，第 21(4)条
[40]《商标法》，第 14 条

- 注册所有者主动要求注销；

- 注册所有者在 90 天期限内，未能遵守第 8 条规定的条件或限制；

- 注册所有者停止拥有在柬埔寨王国的服务地址；

- 有证据表明，注册所有者不是合法所有者；

- 已确信注册商标与某第三方持有的一个著名商标相似或相同。

尽管《商标法》允许 D/IPR 根据上述条件自行注销一个注册商标，但利害关系人也可以使用这些条件作为提交注销请求的理由。在注销请求书或 D/IPR 的注销通知书中，必须包含上方规定的一个或多个条件。

不正当竞争

《商标法》还包含有关不正当竞争行为的条款。对于工业，商业或服务相关事宜上违反诚实惯例的非法竞争行为，法律作出了广泛的禁止规定。[41] 下列行为被认为构成不正当竞争：[42]

- 具有采用任何手段对竞争者的营业所、商品或工

---

[41] 《商标法》，第 22 条
[42] 《商标法》，第 23 条

商业或服务活动产生混淆性质的一切行为；

- 在经营商业中，具有损害竞争者的营业所、商品或工商业或服务活动的信用性质的虚伪说法；

- 在经营商业中使用会使公众对商品的性质、制造方法、特点、用途或数量易于产生误解的表示或说法。

尽管《商标法》中只有三则定义不正当竞争行为的条款，但这些规定可以作为企业意识到其竞争对手所从事的任何不公平行为或不诚实行为时寻求补救及赔偿的理由。这可能包括，例如，误导性广告，诋毁竞争对手，诱使或挖走关键员工，仿冒和盗用商业秘密。

假冒商品& 边境措施

商标所有人可以要求对涉嫌为假冒商品的商品暂停清关。[43]当初有证据证明商品为假冒商品，海关也可以主动中止清关。[44]假冒商品被定义为任何在未经授权的情况下与某注册商标的同类商品使用相同商标的商品（包括相关包装）。[45]

---

[43]《商标法》，第 35 条
[44]《商标法》，第 43 条
[45]《商标法》，第 61 条

法院和海关与货物税务总署均有权接受并决定海关中止放行的申请。[46]该申请必须包括：[47]

- 商标注册摘录；

- 理由声明，特别是证明商品是假冒商品的初步证据；

- 使用该商标商品的完整说明；

- 如有要求或适用，提供一份注册商标商品的样品

- 申请人和代表的姓名与地址；

- 商标所有者出具的提交申请的授权（如适用）；

- 支付官方费用；

申请人可能会被要求提供足以涵盖嫌疑商品价值的保证金或相当的担保。[48]如果权威机构确定中止放行是不合法的，申请人可能需要向进口商支付赔偿金。[49]

根据法律，法院或海关当局将在请求后的 10 个工作日内通知申请人。[50]如通知所述，如果申请成功，则商品将在初始期间被中止放行。[51]进口商将立即获得中止放行通知，

---

[46] 《商标法》，第 35 条
[47] 《商标法》，第 36 条
[48] 《商标法》，第 38 条
[49] 《商标法》，第 41 条
[50] 《商标法》，第 37 条
[51] 《商标法》，第 39 条

包括原因。[52]申请人有十个工作日向管辖法院提出侵权申诉，否则商品将被释放。[53]一旦提出申诉，在中止放行被海关当局更改、撤销或确认之前，被告可以要求海关当局进行一次听证会。[54]

经法院裁决后，海关当局有权命令销毁假冒商品。[55]明确禁止再次出口商品。[56]

侵权和救济

注册商标所有者享有专有权，可阻止他人对使用相同或混淆性相似商标的产品和服务进行推广销售。这些专有权在《商标法》第 11 条中获得了保障。

当任何人未经商标权人许可，在相同或类似的商品或服务上，使用与其注册商标相同或混淆性类似的标志，即构成商标侵权行为。《商标法》定义了三种被视为侵权的行为：

- 注册商标侵权：在相同或类似的商品或服务上，未经授权使用注册商标，或使用与注册商标相同或混淆性类似的标志。[57]

---

[52] 同上
[53] 《商标法》，第 40 条
[54] 同上
[55] 《商标法》，第 46 条
[56] 同上
[57] 《商标法》，第 24 条

- 已注册著名商标侵权：未经驰名商标所有者同意，使用与驰名商标相同或混淆性相似的标志。这种使用必须涉及与驰名商标已经注册的商品或服务相同或混淆性相似的商品和服务，或者其中的商品或服务与驰名商标已经注册的商品或服务并不相同或相似，但是与该商品或服务相关的商标的使用将表明这些商品或服务与驰名商标的所有者之间存在关联并且会导致商标所有者的权益很可能会因为这种使用而受损。[58]

- 未注册驰名商标侵权：未经所有者同意，使用与未经注册驰名商标相同或混淆性相似的标志，前提是该商标的商品或服务与驰名商标的商品或服务相同或相似。[59]

平行进口，也称为灰色市场商品，指的是某个国家内正常出售的正品在没有商标所有者许可的情况下出口到另一个国家。柬埔寨遵守商标权的国内用尽原则，即商标所有者可以禁止平行进口。《商标法》第 11(c) 条反映了这一点，该条规定："商标注册所赋予的权利不得延伸到由注册所有者或在注册所有者同意情况下已在*柬埔寨王国*上市物品的行为"（增加了强调）。由于柬埔寨没有国外销售，所以未经授权销售灰色商品将被视为对商标所有者的侵权行为。

---

[58] 《商标法》，第 25 条
[59] 《商标法》，第 26 条

商标所有者可向有管辖权的法院或 D/IPR 寻求补救。一旦收到所有者的请求，法院将发布强制令以防止侵权，即发侵权或其他非法行为，裁定损害赔偿和/或授予一般法律规定的任何其他补救赔偿。[60]

在实践中，通过法院程序获得侵权行为补偿往往费用昂贵，耗时且复杂。相反，D/IPR 可以作为调解人来解决任何侵权纠纷。任何商标纠纷或不正当竞争纠纷的当事方都可以向 D/IPR 提出书面请求，要求启动调解程序。如果任何一方提出要求或者由 D/IPR 自行决定，通常会安排一场听证会。如果达成和解，它对双方都有约束力。如果未达成和解，任何一方都可以向一家管辖法院提起诉讼。

处罚

在未经注册持有者同意的情况下使用注册商标，服务标志，集体商标或商号将被视为侵权行为。注册商标，服务标志，集体商标或商号侵权行为，可处以 100 万至 2000 万里尔罚款（约 250 至 5000 美元）和一年至五年监禁，或两者并罚。[61]对于屡犯者，假冒商品的罚款和刑期将加倍。[62]

---

[60]《商标法》，第 27 条
[61]《商标法》，第 64 条
[62]《商标法》，第 67 条

不正当竞争行为可处以 500 万至 1000 万里尔罚款（约 1250 至 2500 美元）和一个月至一年监禁，或两者并罚。[63] 屡犯者的罚款和监禁将加倍。对于公司董事，经理和法人代表，除非能够证明他们既不知道也未同意实施犯罪行为，否则均会受到刑事起诉。[64] 最后，法院有权命令销毁任何被判定为侵权的商品，无论被告是否被定罪。[65]

---

[63] 《商标法》，第 65 条
[64] 《商标法》，第 68 条
[65] 《商标法》，第 69 条

第 2 章：

版权和相关权利

介绍

《版权和相关权利法》赋予原创作品作者一整套专有的经济和著作人身权。如法律第 1 条所述，通过向作者提供文化产品的公正、合法利用，法律旨在为文化发展作出贡献。该法于 2003 年颁布，作为柬埔寨加入世界贸易组织 的一部分。柬埔寨是《与贸易有关的知识产权协定》(TRIPS) 的成员，但不是《伯尔尼保护文学和艺术作品公约》的成员。近期，在 2016 年 7 月 5 日，文化艺术部 发布了一则 指引法令 (宣告) 关于 集体管理组织 (CMO)。集体管理组织（CMO）由版权所有者组成，通过管理许可证，收取版税以及代表他们行使权利而共同管理其权利。

可受版权保护作品的类型

"作品"被定义为一种以创造性方式表达思想或情感的产品，可以是文学，科学，艺术或音乐。[66]该法律列出了十三种可受版权保护作品：[67]

- 所有种类的阅读书籍或其他文学，艺术，科学和教育文档；

- 讲义，演讲，布道，口头或书面答辩等具有相同特点的作品；

- 戏剧作品或音乐剧；

- 编舞作品，不论是现代作品还是改编自传统作品或民间传说；

- 马戏表演和哑剧；

- 有文字或没有文字的音乐作品；

- 视听作品；

- 绘画，雕刻，雕塑或其他拼贴作品，或实用美术；

- 摄影作品，或借助与摄影相似的技术而实现的作品；

- 建筑作品；

---

[66]《版权和相关权利法》，第 2 条
[67]《版权和相关权利法》，第 7 条

- 有关地理，地形或其他科学的地图，计划，草图或作品；

- 计算机程序和与这些程序相关的设计百科全书文档；

- 手工艺品，手工纺织产品或其他服装时尚产品的拼贴产品。

特别排除在保护之外的是：[68]

- 宪法，法律，皇室法令，二级法令和其他法规及其翻译；

- 公告（指引法令），决定，证书，国家机构发布的其他指示性通告及其翻译；

- 法院判决或其他法院授权书及其翻译；

- 想法，形式，操作方法，概念，原则，发现或纯粹数据，即使已在任何作品中表达，描述，解释或体现。

署名

---

[68] 《版权和相关权利法》，第 10 条

可以认为，作者是以其名字创作并披露作品的自然人（一位或多位）。[69]创作之后，作者是著作人身权和经济权利的第一持有者。[70]如果作者是雇员 并且作品创作属于其工作的一部分，除非在其雇佣合同中另有说明，否则经济权利被视为自动转移给雇主。[71]该雇员仍然被视为原著者，保留作品的著作人身权。

当两个或两个以上的人共同创作作品时，他们被认为是合作作品的合著者。[72]必须有所有合著者的一致书面同意才能行使其权利。[73]例如，如果需要对一项合作进行许可，则所有合著者都必须签署许可协议。如有分歧，他们可以请求法院来解决。[74]对于视听作品（如电影），公认地以下为合著者：[75]

- 导演；

- 剧本作者；

- 改编作者；

- 口头文本作者；

- 为此作品专门创造的音乐作品的作者，无论是否

---

[69] 《版权和相关权利法》，第 11 条
[70] 《版权和相关权利法》，第 16 条
[71] 同上
[72] 《版权和相关权利法》，第 12 条
[73] 同上
[74] 同上
[75] 《版权和相关权利法》，第 15 条

有文字；

- 动画作品的图形艺术作者。

获得版权保护

每件作品都自动受到保护，尽管作者和权利人可以（但不要求）将作品送存至文化艺术部。[76] 无论是否公开或披露，只要作者的想法已实现，即使不完整，也认为该作品已被创建。[77]作品必须是"原创的"，这意味着它们是作者真正的智力创作。[78]

以下情况中作者的作品将自动受到保护：[79]

- 作者是柬埔寨国民，或在柬埔寨有常居地，包括根据柬埔寨法律成立并且总部设在柬埔寨境内的法律实体；

- 首先在柬埔寨王国发表的作品，包括首先在国外发表、并在公开传播后 30 天内在柬埔寨发表的作品；

- 视听作品，其制作者的总部或惯常居所在柬埔寨；

---

[76]《版权和相关权利法》，第 38 条
[77]《版权和相关权利法》，第 5 条
[78]《版权和相关权利法》，第 4 条
[79]《版权和相关权利法》，第 3 条

- 在柬埔寨建造的建筑作品和柬埔寨建筑或其他建筑物中的其他艺术作品；

- 柬埔寨有义务根据国际条约给予保护的作品。

国际条约所要求的保护值得特别关注，因为许多外国版权所有者错误地认为他们的作品在柬埔寨自动受到保护。事实并非如此，因为有一个重要的例外。虽然柬埔寨是世界贸易组织的成员国 并因此受到《与贸易有关的知识产权协定》（TRIPS）的约束，这需要，根据《伯尔尼公约》，自动将版权保护延展到外国作品，但是，柬埔寨作为一个最不发达国家，可免除此项义务直到2021年7月 1 日。[80]在此豁免到期之前，除非外国作品符合上述有关柬埔寨的要求，否则该外国作品将不受保护。

自愿送存作品至文化艺术部需要提供作者的真实姓名，首次发布日期，创作日期以及一份著作权记录。[81]作者的信息将被纳入申请表。如果申请是通过当地代表提交的，则需要一份经过公证或认证的授权委托书。在提交申请表后，如果任命当地代表还需提交 POA，并支付 15 美元的注册费后，注册处将颁发注册证书。[82]根据当前实践，通常需要 14 天左右才能获得证书。注册的主要好处是在争议出现时可作为证据。

---

[80]参见《世贸组织过渡期延长》，第 66.1 条
[81]《版权和相关权利法》，第 39 条
[82]《版权和相关权利法》，第 40 条

著作权

作者的权利分为两大类 - 著作人身权和经济权利 - 这些权利对所有人都是可执行的。[83]著作人身权如下：[84]

- 专有权，以决定作品披露的方式和时间，以及管理披露的原则；

- 出于与公众的关系，涉及他姓名、标题和作品的权利；

- 反对对作品进行可能损害创作者声誉的一切形式的歪曲、篡改或修改的权利。

这三种精神权利是永久的，不可让渡的，不可扣押的，不可剥夺的 - 意味着它们永远存在，不能被出售或以其他方式转让，不能被扣押或以其他方式被剥夺。在作者去世后著作人身权由其继承人继承。[85]

经济权利指的是通过授权复制、向公众传播和创作衍生作品的方式来利用作品的专有权利，特别是：[86]

- 翻译成外语；

- 改编和简化或进行任何修改；

---

[83] 《版权和相关权利法》，第 18 条
[84] 《版权和相关权利法》，第 20 条
[85] 《版权和相关权利法》，第 19 条
[86] 《版权和相关权利法》，第 21 条

- 视听作品，或录音中包含的作品，计算机程序，数据库或乐谱形式的音乐作品的原件或副本的出租或公开出借；

- 未经版权所有者授权的所有权转让或出售的原始作品或作品副本的公开发布，包括出售及出租方式；

- 进口到柬埔寨；

- 再生产；

- 公开表演；

- 公开展示；

- 广播；

- 向公众传播的其他方式。

著作权的限制

除了某些例外，允许出于个人使用目的的受版权保护作品的进口及复制。[87]进一步的限制允许：[88]

---

[87]《版权和相关权利法》，条款 23 和 24
[88]《版权和相关权利法》，条款 25 和 29

- 免费和私人交涉仅限于家人和朋友等密切的人群；

- 出于保存或研究目的，安排在图书馆保存一份作品副本；

- 出于教育目的使用作品，只要不是为了获得经济利益；

- 将作品从高棉语翻译成少数民族语言，反之亦然；

- 分析和简短引用，通过作品的批判性，论辩性，教学性，科学性或信息性来证明其合理性，只要恰当指明来源；

- 新闻评论的广播，只要恰当指明来源；

- 通过新闻发布或电视广播将部分或全部发言宣传传播给公众，只要恰当指明来源；

- 连环漫画，风格或人物漫画改编，只要恰当指明来源；

- 复制位于公共场所的平面造型或塑料作品，但复制品不构成后续再生产的正主题，只要恰当指明来源。

基于任何人或家庭的真实生活故事的作品需要获得他们的授权，或其继承人的授权。[89]

---

[89]《版权和相关权利法》，第 26 条

经济权利期限

经济权利从创作之日开始，到作者去世五十年后结束。[90]
对于合作，经济权利在最后去世的作者去世五十年后过
期。[91]当作品以匿名或者以不同的名字出版时，保护期限
为出版后75年。[92]集体作品，视听作品和作者生前未公开
发表的遗作，自其公布于世之公历年年底起受到 75 年的
保护。[93]如果该作品在其创作五十年内尚未公诸于世，则
限于 100 年。[94]

经济权利的转移与利用

任何经济权利的转移与利用合同必须以书面形式提出，
否则无效。[95]任何经济权利可以单独转让或集体转让，一
项权利的转让并不意味着或要求其他权利的转让。[96]根据
作者的意愿，可将经济权利转让给作者的继承人或任何

---

[90] 《版权和相关权利法》，第 30 条
[91] 同上
[92] 《版权和相关权利法》，第 31 条
[93] 同上
[94] 同上
[95] 《版权和相关权利法》，第 34 条
[96] 《版权和相关权利法》，第 32 条

第三方。[97]当没有继承人或遗嘱时，文化艺术部将负责并监督并管理经济权利。[98]

表演权

表演被定义为舞台表演，即舞蹈，音乐表演，歌唱或以其他方式和途径进行的艺术作、传统、习惯、文学、教育或科学作品表现。[99]至关重要的是，权利驻留在*表演者*中，而不是参与制作的其他人，如导演，作者，作曲家或编舞者。[100]表演者有专有权以承担并授权以下：[101]

- 向公众广播及传播表演，但有一些例外情况；

- 录制表演，并复制；

- 通过出售或转让所有权向公众分发未经表演者授权分发的录制品原件；

- 向公众租赁或出借录制品；

- 通过任何广播组织（广播和电视）授权广播，排除其他组织；

---

[97]《版权和相关权利法》，第 33 条
[98] 同上
[99]《版权和相关权利法》，第 2(c)条
[100]《版权和相关权利法》，第 2(d)条
[101]《版权和相关权利法》，第 41 条

- 在没有录制权利的情况下，通过任何广播组织授权广播。

独立于前述的经济权利，并且即使在转让权利之后，表演者仍有权要求将其书面名称展示在现场表演或录制中。[102]表演者继续保留著作人身权，以防止损害其声誉的表演的一切形式的变形、篡改或修改。[103]但是，如果其表演仅仅是某个场景、作品或视听作品的正主题的附属品，则表演者不得禁止对他们的表演进行复制和传播。[104]

表演者的专有经济权利和著作人身权受到上述著作权的相同限制，以及以下限制：[105]

- 新闻事件的短片段报道；

- 复制仅出于科学研究目的；

- 复制出于教育目的，除非该作品是专门为教育目的而制作的；

- 简短引证的引用，只要它是合理和恰当的；

- 仪式、会议或其他国家活动的同时播放的图片和声音录制。

---

[102] 《版权和相关权利法》，第 42 条
[103] 同上
[104] 《版权和相关权利法》，第 43 条
[105] 《版权和相关权利法》，第 50 条

上述关于转让和交存著作权的规定同样适用于表演权。[106]若表演以录音方式固定， 则表演权自录音固定之公历年起持续 50 年，如果不是这种方式，则自表演发生的公历年年底起 50 年。[107]

录音作品制作者权利

"录音制品"在法律中被定义为表演声音或其他声音、或声音呈现的固定， 以电影或其他视听作品形式固定的之外。[108]换句话说， 录音制品是以任何格式（CD, 卡带, MP3 等）制作的录音，但不是电影、电视节目或电脑游戏（这些属于视听作品）的声音。 向公众提供的所有复制品， 销售， 交换， 租赁和传播都需要制作者的授权。[109]制作者还享有销售或转让所有权，录音制品原件和副本的经济权利， 除非他们已属于授权出版发行。[110]这体现了首次销售原则的概念，这意味着特定录制品的专有权在第一次授权销售时到期。制作者还有权进口复制品以便向公众传播。[111]

---

[106] 《版权和相关权利法》， 条款 54 和 55

[107] 《版权和相关权利法》， 第 53(1)条

[108] 《版权和相关权利法》， 第 2(j)条

[109] 《版权和相关权利法》， 第 45 条

[110] 同上

[111] 同上

上述表演权的限制也适用于录音制作者。[112]同样，上述关于转让和交存著作权的相同条款也适用于录音作品制作者权利。[113]

若作品发表，则录音作品制作者权利自作品发表日历年起持续 50 年，或者未发表，则自录音制品录制年份起持续 50 年。[114]

视听作品制作者权利

由一系列内在联系的活动画面组成的作品，无论有声或无声，统称为视听作品。[115]制作者是发起录制并负责录制作品的自然人或法人。[116]出于向公众传播、销售、交换和租赁目的而进行的录制品复制，均需要获得制作者的授权。[117]视听权利的转让必须连同著作权及表演权一起并入作品。[118]

上述表演权的限制也适用于视听作品制作者。[119]

---

[112] 《版权和相关权利法》，第 50 条
[113] 《版权和相关权利法》，条款 54 和 55
[114] 《版权和相关权利法》，第 53(2)条
[115] 《版权和相关权利法》，第 2(g)条
[116] 《版权和相关权利法》，第 46 条
[117] 同上
[118] 同上
[119] 《版权和相关权利法》，第 50 条

视听作品自其公布于世之公历年年底起受到 75 年的保护。[120]如果该作品在其创作五十年内尚未公诸于世，则限于 100 年。[121]

广播组织权利

由广播、电视和有线电视组成的广播组织拥有专有权，可进行或授权其广播的固定制作，向公众传播，重播，复制，分发和首次出版其广播副本。[122]出于销售、交换、租赁、广播或向公众传播的目的而进行的广播复制，均需要获得该广播组织的授权。[123]

上述表演权的限制也适用于广播组织。[124]同样，上述关于转让和交存制作器的相同规定也适用于广播组织权利。[125]

广播节目的保护期限是自节目播出之公历年年终起五十年。[126]

集体管理权力

---

[120]《版权和相关权利法》，第 31 条

[121] 同上

[122]《版权和相关权利法》，第 47 条

[123]《版权和相关权利法》，第 48 条

[124]《版权和相关权利法》，第 50 条

[125]《版权和相关权利法》，条款 54 和 55

[126]《版权和相关权利法》，第 53(3)条

集体管理组织（CMO）可以由作者，表演者，录音及视听作品制作者建立以保护和管理其经济权利。[127]该法律框架是根据《版权和相关权利法》第四章以及 2016 年 7 月 5 日发布的《集体管理组织指引法令（宣告）》规定的。CMO 的成立是为了管理其权利持有者的权利许可，版税收集和强制执行措施。

只有具有柬埔寨国籍的相关权利（表演，录音制品，视听作品和广播）的作者和持有者才可以组建 CMO。[128]申请需提交至版权和相关权利，隶属文化艺术部，必须包含管理组织的状态和内部规章制度。[129]注册有效期为五年，注册可以每期两年无限期续展。[130]

有意对 CMO 控制的作品进行利用的自然人和法人可以寻求授权并支付报酬。[131]授权必须是合同形式，并且必须确定要利用的作品种类，作品数量，使用地点和时间段。[132]最后，该指引法令使文化艺术部能够解决集体管理组织和被许可方之间的争端，以及集体管理组织成员之间的争端。[133]

---

[127]《版权和相关权利法》，第 56 条
[128]《集体管理组织指引法令》，第 4 条
[129]《集体管理组织指引法令》，条款 6 和 7
[130]《集体管理组织指引法令》，第 8 条
[131]《集体管理组织指引法令》，第 11 条
[132] 同上
[133]《集体管理组织指引法令》，第 12 条

纠纷和处罚

任何遭受或有风险遭受侵权的版权所有者，可请求法院采取行动，若侵权即将出现则阻止此类侵权，若侵权正在进行则停止此类侵权。[134]

此外，原告有权要求赔偿损失，赔偿精神损害，返还有争议的设备和材料，以及归还侵权所得的任何利益。[135]

此外，法律还对某些版权侵权行为实施刑事处罚。对产品和复制权侵犯，可酌情判处 6 至 12 个月监禁和/或 5 百万至 2 千 5 百万里尔（约 1250 至 6250 美元）罚款（屡犯者处罚力度加倍）。[136]

---

[134]《版权和相关权利法》，第 57 条
[135] 同上
[136]《版权和相关权利法》，第 64 条

第3章：

专利

介绍

作为柬埔寨加入世界贸易组织的一部分，2003 年颁布的《专利、实用新型和工业品外观设计法》为发明人提供了一系列专有利，以向公众披露其发明。2017 年 11 月 24 日，对《专利、实用新型和工业品外观设计法》第 37，38，109 和 136 条进行了修订。该法由 2006 年 6 月 29 日颁布的《关于授予专利和实用新型证书程序的指引法令（宣告）》补充。

专利可在工业和手工业部 (MIH) 下属的工业产权局注册。虽然自法律颁布以来的数年中已有数百份申请提交，但没有任何申请获得批准。2015 年，工业和手工业部(MIH)与新加坡知识产权局（IPOS）签署了一个《工业产权合作谅解备忘录》，其后柬埔寨便通过与 IPOS 合作在 2015 年批准了第一个专利。同样，工业和手工业部(MIH)还于 2016 年 5 月 4 日与日本特许厅（JPO）签署了关于加速日本专利在柬埔寨专利申请程序的《专利授权合作协议》联合声明，该声明允许通过日本特许厅提交申请，作为进一步选择。为了贯彻落实备忘录和联合声明，工业和手工业部于 2016 年七月 25 日颁布了两项新的关于柬埔寨加速、注册和授予专利程序的指引法令（宣告）。

展望未来，2017 年柬埔寨与欧洲专利局和中国国家知识产权局签署了类似协议。2017 年 12 月 8 日，工业和手工业部颁发了一项《关于柬埔寨欧洲专利批准程序的指引法令（宣告）》。此外，针对中华人民共和国国家知识产权局的实施细则将在下一版中详细说明。

《专利合作条约》最后，柬埔寨于 2016 年 8 月 24 日按照加入指导成为了《专利合作条约》成员之一，并于 2016 年 9 月 8 日交存于 WIPO，后于 2016 年 12 月 8 日生效。

可获得专利的发明

柬埔寨对发明的法律定义是："发明者提出的一种解决技术领域特定问题的技术方案"并且可以是，或关于，一项产品或一种方法。[137]任何发明都可以成为专利的主题，以下除外：[138]

- 发现、科学理论、数学模型；

- 进行商业活动、智力活动或玩游戏的方案、规则和方法；

---

[137]《专利、实用新型证书和工业品外观设计法》，第 3 条
[138]《专利、实用新型证书和工业品外观设计法》，第 4 条

- 对人类或动物的治疗和外科手术方法，以及对人类或动物的诊断方法；这一规定不适用于在任何这些方法中使用的产品；

- 药用物品；

- 除微生物以外的植物和动物，以及本质上用于生产植物或动物的生物方法；

- 植物品种。[139]

以下情况的计算机软件可获得专利：[140]

- 由计算机执行的步骤组成并且按照计算机的指示的方法发明（全部或部分）；或

- 由计算机实现的发明的要素组成的产品发明，具体包括：

  - 存储在诸如软盘，计算机硬盘驱动器或计算机存储器等有形介质上的机器可读型计算机程序代码；和

  - 一种通用计算机，其对现有技术的新颖性主要是由于其与特定计算机程序的结合而

---

[139]植物品种受到《种子管理和植物育种者权利法》的保护（皇家法令编号 NS/RKM/0508/015）

[140]《关于授予专利和实用新型证书程序的指引法令（宣告）》，规则44

产生的。

新颖性

发明具有可专利性的第一个要求是它是一项*新*发明，这意味着现有技术不会预料到这一发明。[141]

现有技术包括在发明申请专利之前，或在适当的情况下在发明申请优先权日期之前，通过使用或以任何其他方式，以有形形式或口头公开披露给世界任何地方的公众的所有信息。发明向公众的披露不考虑以下情况：[142]

-   如果发生在申请日之前的十二个月内，申请的优先权日期（如适用）之前的十二个月内；以及

-   如果是由于申请人或其之前所有权持有人所作行为导致，或者是第三方对申请人或其之前所有权持有人造成的滥用行为。

创造性

---

[141] 《专利、实用新型证书和工业品外观设计法》，第 6 条
[142] 同上

其次，发明必须具有"创造性。"[143]发明必须具有创造性，即考虑现有技术，对于本领域的普通技术人员来说该发明并不是显而易见的。

工业实用性

第三，一项发明必须具有工业实用性，这意味着它可以制造或用于任何行业。[144]但是，如果本发明的商业利用违背公共秩序或道德，或会危害人类，动物或植物的生命或健康，或会严重损害环境，或被法律禁止，那么它将无法获得专利。[145]

实用新型证书

实用新型证书是一种特殊的专利形式，具有较低的可注册标准和较短的持续期限。专利必须具有新颖性、创造性和工业实用性，而实用新型只需要新颖性和工业实用性。[146]专利在申请二十年后过期，而实用新型证书在七年后到期，并且不可续展。[147]申请人在批准或拒绝之前

143《专利、实用新型证书和工业品外观设计法》，第 7 条
144《专利、实用新型证书和工业品外观设计法》，第 8 条
145《专利、实用新型证书和工业品外观设计法》，第 9 条
146《专利、实用新型证书和工业品外观设计法》，第 69 条
147《专利、实用新型证书和工业品外观设计法》，第 73 条

可以申请将其专利申请转换为实用新型申请，反之亦然。[148]转换只能进行一次。[149]

专利的权力 & 写明发明人姓名

只有发明人（一人或多人）有权获得专利。[150]当两个或两个以上的人独立取得了相同的发明时，首先提出申请的人，或者，如果要求优先权则是最早优先权日期，有权获得专利。[151]除非另有约定，否则根据 雇佣合同，发明的专利权属于雇主。[152]除非发明人选择保持匿名，否则发明人的姓名将在专利中陈述。[153]

申请流程

专利申请可向工业和手工业部下属的工业产权局提交。

根据《巴黎公约》[154]《专利合作条约》，申请可以根据较早的国家、地区或国际申请要求优先权。在这种情况

---

[148]《专利、实用新型证书和工业品外观设计法》，第 75 条
[149]《专利、实用新型证书和工业品外观设计法》，第 76 条
[150]《专利、实用新型证书和工业品外观设计法》，条款 10 和 11
[151]《专利、实用新型证书和工业品外观设计法》，第 12 条
[152]《专利、实用新型证书和工业品外观设计法》，第 14 条
[153]《专利、实用新型证书和工业品外观设计法》，第 15 条
[154]《专利、实用新型证书和工业品外观设计法》，第 27 条

下，工业产权局将要求一份优先权申请的核证副本，以及任何检索或审查报告或外国办事处行动。

专利申请表格必须以高棉语制成，并附上发明说明，一项或多项权利要求，在必要时附上用于理解发明的一项或多项附图以及摘要，并附上官方费用。[155]说明必须以足够清楚和完整的方式披露本发明，以供本领域普通技术人员执行。[156]如果申请中要求一个优先提交日期，则需要优先权申请的核证副本，[157]并且必须在注册处提出要求之日起三个月内提交。[158]如果优先权文件的核证副本不是使用高棉文的，则必须翻译成高棉文，并在提出要求后六个月内提交给注册处。[159]此外，注册处还要求对非英文文件进行英文翻译，以便进行检索和审查，并且必须在提交日期起六个月内提交给注册处。[160]

如果指定一位柬埔寨专利代理进行申报，则工业产权局将要求一份经过公证的授权委托书的原件。[161]此外，如果申请人不是专利主张发明的发明人，则需要一份经过公证的声明原件，证明申请人的权利。[162]经过公证的授

---

155 《专利、实用新型证书和工业品外观设计法》，第 16 条
156 《专利、实用新型证书和工业品外观设计法》，第 18 条
157 《专利、实用新型证书和工业品外观设计法》，第 28 条
158 《关于授予专利和实用新型证书程序的指引法令（宣告）》，第 20 (5) 条
159 《关于授予专利和实用新型证书程序的指引法令（宣告）》，第 20 (6) 条
160 《关于授予专利和实用新型证书程序的指引法令（宣告）》，第 11 条
161 《关于授予专利和实用新型证书程序的指引法令（宣告）》，第 33 (1) 条
162 《关于授予专利和实用新型证书程序的指引法令（宣告）》，第 6

权委托书原件，证明申请人权利的声明，和优先权申请的核证副本，必须在申请时或稍后提交。注册处将在提交申请后的两周内发出要求提供这些文件的信函。

加速日本特许厅的专利申请

根据《专利授权合作协议》(CPG)，已在日本获得专利的申请人在柬埔寨提交专利申请时，可请求加快其柬埔寨专利申请授权程序。根据《关于实施专利授权合作协议(CPG)的指引法令（宣告）》，基于CPG的专利审批加速请求必须提交给工业和手工业部下属的工业产权局，连同提交一份相关日本特许局专利申请的专利公报认证副本及其英文翻译，一份权利要求书及说明书的英文及高棉语翻译件，以及一份权利要求对应表。申请人必须在向 CPG 提交请求之日起 6 个月内，向工业产权局提交一份高棉语翻译件。[163]

新加坡专利重新注册

新加坡知识产权局（IPOS）和柬埔寨工业和手工业部签署了《谅解备忘录》，允许通过新加坡当局提交柬埔寨专利，反之亦然。《谅解备忘录》自 2015 年 1 月 20 日起有效期为五年，经双方同意后可续签。[164]工业和手工业

---

(3)条
[163]《根据专利授权合作协议加速专利授权的指引法令》，第 5 条
[164]《工业产权合作谅解备忘录》，第 10 条

部签发了《关于实施备忘录的指引法令（公告）》后，申请人可以通过 IPOS 申请柬埔寨专利。

为了进行注册，申请人必须首先在新加坡获得专利。在提交柬埔寨注册申请时新加坡专利必须已生效。此外，该专利的提交日期必须在 2003 年 2 月 11 日当日或之后。[165]

新加坡专利的注册申请必须向工业和手工业部提交，并附上申请费，新加坡专利授权证书的认证副本，最终说明书的认证副本，摘要副本和已公证的授权委托书原件的副本（如果指定了当地专利代理人）。[166]尽管需要提交一份新加坡专利授权证书的认证副本，但注册处仍然会根据专利法及其相关公告对此进行审查。柬埔寨翻译必须在提出注册申请之日起六个月内提交给专利局。[167]注册费和年费必须在注册处通知之日起三个月内支付。[168]

根据本声明收到的专利权，不得针对在柬埔寨注册新加坡专利之申请提交日之前已经存在的任何在先权。即使新加坡专利是由柬埔寨工业产权局授予的，在柬埔寨一直使用或利用该专利发明的人仍可继续使用或利用该专利。[169]

---

[165] 《在柬埔寨注册新加坡专利的指引法令》，第 5 条
[166] 《在柬埔寨注册新加坡专利的指引法令》，第 4 条
[167] 同上
[168] 《在柬埔寨注册新加坡专利的指引法令》，第 10(3)条
[169] 《在柬埔寨注册新加坡专利的指引法令》，第 11 条

工业和手工业部关于专利授权的决定，可以在决定后的三个月内向管辖法院提出上诉。

欧洲专利的验证

根据 2017 年 1 月 23 日欧洲专利局长与柬埔寨工业和手工业部长之间签署的协议，欧洲专利持有者可以申请对其专利进行验证，从而将其专利的效力延伸至柬埔寨王国。该协议于 2017 年 11 月 24 日获得皇家法令批准，[170]并且 2017 年 12 月 8 日的一项指引法令（宣告）中规定了验证程序。[171]

验证必须特别要求，并可同时用于直接在 EPO 以及欧洲 PCT 提交的申请。

欧洲申请必须是在验证协议生效日期 2018 年 3 月 1 日当日之后提交。此外，根据柬埔寨专利法，医药产品专利不受保护，因此无法验证。

验证过程的第一步，是在欧洲专利公报检索报告或欧洲 PCT 申请公布之日起六个月内支付 180 欧元的验证费用，以执行进入欧洲阶段所需的行为。这笔付款必须由申请人的代理人在欧洲专利局前完成。在六个月期限届满后有两个月的宽限期，但需支付 50％的附加费。

---

[170]关于批准欧洲专利确认协议的皇家法令编号 NS/RKM/1117/017

[171]《关于在柬埔寨验证欧洲专利的规则和程序指引法令（宣告）No. 282 MIH/2017》

其次，若验证费用已合理支付，在欧洲专利局批准专利申请的三个月内验证申请必须提交给柬埔寨工业和手工业部。

专利名称，摘要和要求将需要从英文翻译成柬埔寨官方语言。在接受时，需缴纳公布费和证书费。

成功验证后，专利所有者将获得工业和手工业部的官方专利证书。

专利期限和年费费用

专利有效期为自申请之日起 20 年，但需支付下列年度维护费[172]：

年	官方费用（美元）	年	官方费用（美元）
第 1	-	第 11	350
第 2	20	第 12	400
第 3	20	第 13	450

---

[172] 《公共服务费用联合指引法令（宣告）》，2015 年 7 月 8 日

第 4	40	第 14	500
第 5	100	第 15	550
第 6	140	第 16	610
第 7	180	第 17	670
第 8	220	第 18	740
第 9	260	第 19	810
第 10	300	第 20	890

发明单一性，修订 & 分割

专利必须涉及仅一个发明，或者彼此连接可以形成总体发明构思的一组发明。[173] 在申请准备就绪后，只要不超出原始披露范围，可以对申请进行修改。[174] 类似地，申请可以被分成两个或更多个申请。[175]

专利权利

专利的核心权利，是防止他人利用已注册专利的权利。[176]专利产品的"利用"是指制造，进口，许诺销售，销售，

---

[173] 《专利、实用新型证书和工业品外观设计法》，第 23 条
[174] 《专利、实用新型证书和工业品外观设计法》，第 24 条
[175] 《专利、实用新型证书和工业品外观设计法》，第 25 条
[176] 《专利、实用新型证书和工业品外观设计法》，第 41 条

库存，或使用该产品。对于获得专利的方法，利用意味着使用该方法，或者利用通过该产品直接获得的任何产品。[177]

专利所有权人可以对任何侵权人、或任何可能导致侵权行为发生的人提起法律诉讼。[178]

专利权利存在某些限制，即：[179]

- 由注册所有者或在注册所有者同意情况下已上市物品的行为；

- 暂时或意外进入柬埔寨的车辆上的物品；

- 实验目的；

- 在优先权日期之前，本发明的使用者，或那些进行有效且认真使用准备的人。

一旦收到专利所有权人的请求，或被许可方在特定情况下的请求，法院可以发布禁令以防止侵权或即发侵权，进行裁决赔偿或法律规定的任何其他补救措施。[180]此外，任何故意侵犯专利的人将受到 5 百万-2 千万里尔（约

[177]《专利、实用新型证书和工业品外观设计法》，第 42 条
[178]《专利、实用新型证书和工业品外观设计法》，第 43 条
[179]《专利、实用新型证书和工业品外观设计法》，第 44 条
[180]《专利、实用新型证书和工业品外观设计法》，第 126 条

1250-5000 美元）罚款和/或一至五年监禁的刑事处罚。[181] 屡犯者的罚款和监禁将加倍。[182]

政府利用 &非自愿许可

专利权并非绝对的，而是受到政府利用和非自愿许可的重要限制。即使没有专利权所有权人的同意，柬埔寨政府也可以决定，政府机构或指定的第三人可以为了公共利益，特别是国家安全，营养，健康或重要经济部门的发展而利用专利。[183]此外，如果法院判定专利所有权人或被许可方对专利的使用具有反竞争性，则法院可以允许政府或第三方利用专利。[184]无论哪种情况，专利权人都有权进行一次听证会并需支付足够的报酬。[185]

除了政府和第三方的利用之外，法律还允许授予非自愿许可证。专利提交后的四年，或专利授予后的三年（以较晚者为准），任何人都可以向部长提出非自愿许可请求。如果能令人满意地证明该专利发明在柬埔寨没有被利用，或没有得到充分利用，则会允许此请求。[186]但是，如果专利所有者能够证明合理的情况，则专利所有者可

---

[181]《专利、实用新型证书和工业品外观设计法》，第 133 条
[182] 同上
[183]《专利、实用新型证书和工业品外观设计法》，第 47 条
[184] 同上
[185] 同上
[186]《专利、实用新型证书和工业品外观设计法》，第 56 条

以阻止发放非自愿许可证。[187]与政府和第三方利用一样，专利所有权人有权获得赔偿。[188]

无效

任何利害关系人均可以要求作废一项授权专利。[189]如果能证明专利的主题不合适，或不新颖，或不涉及创造性，或不具有工业适用性，或其利用违反公共秩序及道德，或被法律禁止，则该请求会被批准。[190]进一步的无效宣告理由包括说明不足，要求不当或图纸不足。[191]

---

[187] 同上
[188]《专利、实用新型证书和工业品外观设计法》，第 57 条
[189]《专利、实用新型证书和工业品外观设计法》，第 65 条
[190]《专利、实用新型证书和工业品外观设计法》，第 66 条
[191] 同上

第 4 章：

工业品外观设计

介绍

工业品外观设计注册是一种保护产品新的特殊视觉方面的知识产权形式。在柬埔寨，工业品外观设计受到 2003 年《专利、实用新型和工业品外观设计法》以及 2006 年《工业品外观设计注册程序指引法令（宣告）》的保护。工业品外观设计可在工业和手工业部下属的工业产权局注册。此外，通过与新加坡知识产权局签订的一项特殊协议，在柬埔寨的工业品外观设计可以通过新加坡当局注册，反之亦然。

最近，柬埔寨加入了工业品外观设计国际海牙注册体系，于 2017 年 2 月 25 日生效。该体系提供了一个实用的解决方案，只需一件单一的国际申请即可在多达 65 个地区注册多达 100 个设计。加上柬埔寨最近加入了《专利合作条约》和马德里国际商标注册体系，这一发展从根本上简化了程序并降低了外国知识产权权利人在柬埔寨保护其权利的成本。根据注册数量，工业品外观设计是柬埔寨知识产权的第二大重要形式，在商标之后。

可注册的工业品外观设计

工业品外观设计的法律定义为"任何线条、颜色、形状、或任何材料的组合，无论是否涉及线条或颜色，[…]前提是该组合，形式或材料给予一个工业品或手工产品特殊的外观并且可以作为一个工业品或手工产品的样品，而且富有美感且可以用眼睛判断。"[192]因此，涉及诸如触感或声音等其他感官的方面是不受保护的。保护并不延展至主要出于技术或功能上的考虑而进行以至于在外观特征方面无任何自由的设计部分。[193]

工业品外观设计必须是"新颖的"才能进行注册，这意味着在申请提交日之前，在优先权日期（如适用）之前，它们不得已经在世界任何地方以有形形式或通过利用或任何其他方式向公众披露。[194]以下情况不视为公开披露：a）发生在申请提交日之前十二个月内，在申请优先权日期（如适用）之前，b）如果是由于申请人或其之前所有权持有人所作行为导致，或者是第三方滥用行为导致。[195]违反公共秩序或道德的工业品外观设计无法在柬埔寨注册。[196]

---

[192]《专利、实用新型和工业品外观设计法》，第 89 条
[193]《专利、实用新型和工业品外观设计法》，第 90 条
[194]《专利、实用新型和工业品外观设计法》，条款 91 和 92
[195]《专利、实用新型和工业品外观设计法》，第 92 条
[196]《专利、实用新型和工业品外观设计法》，第 93 条

申请流程

工业品外观设计申请可在工业和手工业部下属的工业产权局提交。申请表格和构成申请一部分的任何文件必须以高棉文提交。[197]填写申请表所需的信息如下：

- 申请人和发明人的姓名，地址，国籍和联系方式；

- 工业品外观设计的名称；

- 工业品外观设计的国际分类；

- 指示将使用该工业品外观设计的产品的种类；

- 工业品外观设计的新颖性标示和可保护点；

- 工业品外观设计的简要说明；

申请表必须连同对于物品的图纸，照片或其他展示共同提交。一旦提交所需文件并向知识产权司支付了官方费用，商标注册处将向申请人提供申请编号和申请提交日期。[198]

除非在劳动合同中另有约定，否则雇员创造的作品属于雇主。在这种情况下，进行此项注册将需要一份经过公证的声明原件，证明申请人的权利。如果申请人的常住地或主要营业地在柬埔寨境外，申请人必须由在柬埔寨

---

[197]《工业品外观设计注册指引法令（宣告）》，第 7 条
[198]《专利、实用新型和工业品外观设计法》，第 101 条

王国居住和执业的代理人代理[199]。申请人必须在申请日起两个月内向注册处提供经过公证的授权委托书原件。[200]

由于柬埔寨是《巴黎公约》和世界贸易组织的成员，因此申请可以根据较早的国家、地区或国际申请要求优先权。[201]优先权期限自提交第一次申请之日起六个月。[202]在这种情况下，工业产权局将要求优先权申请的认证副本。在先申请认证副本的提交期限为注册处提出要求之日起三个月。[203]在先申请认证副本的柬埔寨文译本必须在请求之日起六个月内提交给注册处。[204]

若所有的要求都已满足，按照当前的处理时间，从申请到获得注册证书大约需要四到六个月的时间。[205]这一时间预计基于根据过去的经验，根据注册处的工作量，可能需要更长的时间。工业和手工业部关于工业品外观设计注册通过或拒绝的决定，可以在决定后的三个月内向管辖法院提出上诉。[206]

新加坡工业品外观设计重新注册

---

[199]《专利、实用新型和工业品外观设计法》，第 116 条

[200]《工业品外观设计注册指引法令（宣告）》，第 18 条

[201]《专利、实用新型和工业品外观设计法》，条款 100 和 27

[202]《巴黎公约》，第 4 条

[203]《工业品外观设计注册指引法令（宣告）》，第 11 条

[204] 同上

[205]《专利、实用新型和工业品外观设计法》，第 103 条

[206]《专利、实用新型和工业品外观设计法》，第 124 条

新加坡知识产权局（IPOS）和柬埔寨工业和手工业部签署了合作谅解备忘录，允许通过新加坡当局再次注册柬埔寨工业品外观设计，反之亦然。《谅解备忘录》自2015年1月20日起有效期为五年，经双方同意后可续签。《谅解备忘录》的实施目前正在等待有效规定的制定，因此重新注册的申请尚未被接受。

权利，期限和续展

工业品外观设计的核心权利，是防止他人利用已注册工业品外观设计的权利。[207]"利用"是指制造，销售或进口纳入工业品外观设计的物品。[208]若有人在未经授权或同意的情况下通过此类行为侵犯已注册工业品外观设计，或使侵权情况更有可能出现，则该工业品外观设计所有权人可以对其提起法院诉讼。[209]柬埔寨遵守商标权的国内用尽原则，即平行进口，也被称为灰市商品，被认定为侵权。[210]

工业品外观设计的注册有效期为注册申请提交之日起五年。通过支付官方费用，该注册可以每次五年连续两次更新，总共十五年。[211]续展申请表必须连同原始注册证

---

[207] 《专利、实用新型和工业品外观设计法》，第105条
[208] 《专利、实用新型和工业品外观设计法》，第106条
[209] 《专利、实用新型和工业品外观设计法》，第108条
[210] 《专利、实用新型和工业品外观设计法》，第107条
[211] 《专利、实用新型和工业品外观设计法》，第109条

书在注册到期之前的六个月内一并提交。[212]如果工业品外观设计的所有者由一位代理人代表，则需要一份经过公证的授权委托书原件。到期之后有 6 个月的宽限期，但须缴纳附加费，超过此宽限期注册将视为放弃。[213]

无效

任何利害关系人可以要求管辖法院作废已授予的工业品外观设计。[214]如果可以证明工业品外观设计的主题不合适，或不符合工业品外观设计的定义，或不是新的，或其所有者不是所有权的创造者或继承者，或者它违背公共秩序和道德，或被法律禁止，则该请求会被批准。[215]被作废的注册，自其注册之日起被视为无效。[216]管辖法院必须通知工业产权局进行备案记录和公布。[217]

所有权变更和许可合同

任何工业品外观设计注册或申请的利害关系人都可以要求注册处更改所有权。所有权变更请求必须采用书面形式，并由注册处备案并公布。这种变更在完成备案之前，

---

[212]《工业品外观设计注册指引法令（宣告）》，第 16 条
[213] 同上
[214]《专利、实用新型和工业品外观设计法》，第 110 条
[215]《专利、实用新型和工业品外观设计法》，第 111 条
[216]《专利、实用新型和工业品外观设计法》，第 112 条
[217]《专利、实用新型和工业品外观设计法》，第 113 条

不会对第三方产生任何影响。[218]同样，许可合同需要在注册处备案，否则对第三方无效。[219]注册处将保密其内容。要求更改所有权或使用许可合同备案需要支付官方费用。

侵权，补救措施和处罚

工业品外观设计的注册持有者享受专有权，可阻止他人制造，销售或进口纳入工业品外观设计的物品。当未经所有权人授权或同意擅自利用工业品外观设计时，则发生侵权。[220]一旦收到所有权人请求，法院可以发布禁令以防止侵权或即发侵权，裁决赔偿并授予法律规定的任何其他补救措施。[221]许可合同已在注册处备案的被许可方，也可以要求管辖法院在所有者拒绝或无法这样做时立即采取行动。[222]

侵权行为的刑罚为 500 万里尔（约 1250 美元）至二千万里尔（约 5000 美元），一年至五年监禁或两者并罚。如果罪行发生在自上次定罪之日起五年内，将罚款和/或监禁将翻倍。[223]

---

[218]《专利、实用新型和工业品外观设计法》，第 114 条
[219]《专利、实用新型和工业品外观设计法》，第 115 条
[220]《专利、实用新型和工业品外观设计法》，第 125 条
[221]《专利、实用新型和工业品外观设计法》，第 126 条
[222] 同上
[223]《专利、实用新型和工业品外观设计法》，第 133 条

申请人及其代理人有义务在申请和文件中向注册处提供正确的陈述，否则可能会被罚款和/或监禁。[224]

---

[224]《专利、实用新型和工业品外观设计法》，第 132 条

第 5 章：

地理标志

介绍

地理标志（GI）是与特定地理来源相对应的某些产品上使用的名称或符号。地理标志可作为认证，表明产品具有某种品质，是根据某些特定方法制作的或享有源于其地理来源的某种声誉。地理标志在许多国家受到法律保护，它的两个目标是保护消费者免受误导性产品伤害，以及保护生产者不受不公平竞争伤害。

在柬埔寨，至今已有两个地理标志获得注册 - 贡布胡椒和磅士卑棕榈糖，均在 2010 年。随后，这些产品在越南（2016 年 12 月），泰国（2017 年 3 月）和欧盟（贡布胡椒为 2016 年 2 月份，磅士卑棕榈糖仍处于未决状态）获得保护进一步的潜在地理标志包括白马盐花，桔井葡萄柚，Phnom Srok 丝绸，马德望香米，马德望橙子，暹粒发酵鱼，和贡布榴莲。

柬埔寨的地理标志基于三项法律文书。2009 年 5 月 18 日发布的第一份《地理标志注册和保护程序的宣告（指引法令）》，成为了贡布胡椒和磅士卑棕榈糖注册的基础。

但是，该宣告已被 2014 年 1 月 20 日的《地理标志法》所取代。虽然这第一份宣告不再有效，但法律明确规定，在法律之前注册的任何地理标志（即贡布胡椒和磅士卑棕榈糖）仍然有效。[225]法律颁布后，另一份《地理标志注册和保护程序的宣告》于 2016 年 12 月 29 日生效。

2018 年 3 月 9 日，柬埔寨成为第一个加入《原产地名称和地理标志里斯本协定日内瓦文本》的国家。这为生产者提供了一个更快、更便宜的程序来保护他们在国外的独特名称。[226]《日内瓦文本》将在五个符合资格的缔约方交存批准书或加入书后三个月生效。[227]

适用范围

任何商品，无论是农业、食品、手工或其他商品，只要它们在柬埔寨生产或转化，都可以成为地理标志的主体。[228]

值得注意的是，虽然地理标志通常以其地理区域名称命名，但地理标志产品的生产地区不一定与典型地图上的行政边界相同。因此，贡布胡椒的产区覆盖了贡布省的大部分，但不是全部，以及邻近的白马省全省。[229]同样，

---

[225]《地理标志法》，第 25 条
[226]"柬埔寨首先加入 WIPO 里斯本协定日内瓦文本" - WIPO 新闻稿，
　　　2018 年 3 月 9 日。
[227] 同上
[228]《地理标志法》，第 3 条
[229]贡布辣椒规格书

磅士卑棕榈糖可在磅士卑省以及邻近的磅清扬省，干丹省和金边等省份收集，生产和包装。[230]

申请程序

申请地理标志的第一步是组建一个地理标志协会 及其内政部。希望取得地理标志的生产者团体，经营者，机构和其他利害相关方必须组成这样一个非营利协会，并将其章程送存商务部。该协会本身，而不是其个人成员，是地理标志的申请人和持有人。[231]除申请和持有地理标志外，该协会的主要职责是确保其成员遵守规格书和其他法律要求。目前已成立了两个协会 - 磅士卑棕榈糖推广协会和贡布辣椒推广协会。

一旦协会成立，注册申请可提交至商务部。申请应包括相关的政府表格，以高棉文或英文书写，还有规格书，产品样本和申请费收据。[232]申请提交后，商务部会核实其是否满足必要的要求，并在四十五天内通知申请人。[233]如果申请被视为有缺陷，申请人有六个月时间纠正所发现的问题或以其他方式回应注册处，否则申请将被视为放弃。

一旦申请被视为完成，它将进入实质审查阶段。这需要商务部核实申请中信息的准确性，并确保该信息不能违

---

[230]磅士卑棕榈糖规格书
[231]《地理标志法》，第 7 条
[232]《地理标志法》，第 8 条
[233]《地理标志法》，第 9 条

反法律，道德，宗教信仰，良好风俗或公共秩序，没有误导或混淆，不是植物品种名称或动物品种名称，而且不是通用名词。[234]商务部还将访问该产品的生产地点，并可邀请申请人或有关人士提供进一步解释或证据。商务部还可以自由邀请专家提供咨询意见，并在决定申请时考虑这一点。

若申请通过实质审查，商务部会予以注册地理标志并向申请人颁发证书。地理标志将在注册日期之后 30 天内[235]在商务部的官方公报上发布，向任何利害相关方均有提出反对注册的机会。[236]异议必须在公布后 90 天内根据《地理标志法》[237]第 4 条（地理标志的定义）和第 10 条规定的理由提出，否则注册将为终局裁定。

外国地理标志

在任何外国注册的地理标志可以在柬埔寨重新注册，从而赋予持有者与国内地理标志相同的权利。[238]外国地理标志必须按照其原籍国的法律进行注册，并且不得在那里被滥用。[239]

---

[234] 《地理标志法》，第 11 条

[235] 《No. 422 地理标志指引法令（宣告）》，第 15 条

[236] 《地理标志法》，第 12 条

[237] 《地理标志法》，第 16 条

[238] 《地理标志法》，第 19 条

[239] 同上

外国地理标志注册申请必须由合法商标代理人，行政代表或外商代表向商务部提出。[240]如上所述，国内申请人的申请和异议程序相同。[241]

截至发布之日，已有两项国外地理标志在柬埔寨提交申请。

规格书和控制合规性

规格书由地理标志协会颁布，规定了地理生产区域，生产条件和质量控制程序。

认证机构或控制机构每年应进行一次规格书合规性检验。该机构必须在柬埔寨合法注册，经商务部批准并根据国际标准组织认证或以其他方式拥有可靠的控制系统，否则可由地理标志协会自由选择。[242]在贡布辣椒案例中，认证机构为法国 ECOCERT 组织。该机构将向商务部知识产权司提交年度报告。[243]外文报告必须通过以认证翻译的方式翻译成高棉文，并包括经认证的生产者，操作者，产品，数量和所采取措施的清单。[244]

---

[240]《地理标志法》，第 20 条
[241] 同上
[242]《地理标志法》，第 26 条
[243] 同上
[244] 同上

该机构负责向商务部报告任何违规事件，并采取对策和制裁措施。[245]这些范围可以从评论和建议，到永久撤销操作者或生产者使用地理标志的权利。

商务部拥有监督认证机构的广泛权力，包括取消其认证规格书合规性的权力并命令地理标志协会寻求新机构。[246]

权利

已注册的地理标志只能由协会成员、生产商和/或操作员使用，且仅可用于遵循规格书生产的产品。[247]该权利不得转让给第三方。[248]地理标志持有人，即协会，可以向管辖法院投诉任何未经授权参与使用地理标志的人。这被定义为任何：[249]

- 出于直接或间接商业目的滥用已注册地理标志，将其用于与注册地理标志的产品相同或相似的产品，并且从这种滥用中获益或从地理标志的声誉中获益；

- 未经授权使用，模仿，重现地理标志，或该地理

---

245 同上
246 《地理标志法》，第 27 条
247 《地理标志法》，第 22 条
248 同上
249 《地理标志法》，第 23 条

标志用于翻译中，即使商品的真实原产地附有"风格"，"类型"，"方法"，"方式"，"模仿"或类似表达方式，或者类似可能会误导公众的表述；

- 包装上出现关于商品原产地、性质或特定品质的虚假或误导性指示，或者在广告材料以及与商品有关的其他材料中使用容易混淆其原产地的虚假或误导性指示；

- 其他可能会误导公众的商品真实原产地的做法。

地理标志注册从提出申请之日起无限期有效，除非被注销或失效。[250]

地理标志和商标

地理标志注册及其申请因此可能会在某些情况下禁止商标注册。因此，如果与早先提交的地理标志申请相同或混淆性相似，则商标申请将被拒绝。[251]此外，一旦地理标志注册，则它将阻止相同类型商品的任何商标被注册，前提是该商标具有误导性，比相同或混淆性相似有更广泛的标准。[252]然而，在地理标志之前以诚意注册的商标

---

[250]《地理标志法》，第 24 条
[251]《地理标志法》，第 31 条
[252] 同上

在相关新的法律或规定通过之前享有特权，意味着它们可以继续使用，前提是没有其他无效理由。[253]

执行和处罚

作为临时措施，经法院命令，涉嫌侵犯地理标志的商品可能被扣留，其生产中使用的任何材料和核心设备也可能被扣留。[254]任何进口，出口，出售或要约出售的侵权商品都可由主管当局经法院命令没收，不论是否有人被定罪。[255]

以下罪行适用于一至五年监禁，以及二百五及五千万里尔（大约 500 美元至 5000 美元）的罚金：[256]

- 出于直接或间接商业目的滥用已注册地理标志，将其用于与注册地理标志的产品相同或相似的产品，并且从这种滥用中获益或从地理标志的声誉中获益；

- 未经授权使用，模仿，重现地理标志，或该地理标志用于翻译中，即使商品的真实原产地附有"风格"，"类型"，"方法"，"方式"，"模仿"或类似表达方式，或者类似可能会误导公众的表述；

---

[253] 同上
[254] 《地理标志法》，第 37 条
[255] 同上
[256] 《地理标志法》，第 39 条

- 关于包装上出现的商品的原产地，性质或特定质量，或广告材料或其他有关商品可能误导其来源的文件的虚假或误导性表示；

- 其他可能会误导公众的商品真实原产地的做法。

对于被认定对侵犯地理标志负责的法律实体，适用额外的刑事处罚。[257]对上述行为违法行为的法定实体的刑罚为两千万至五千万里尔（约合 5000 至 12500 美元），并加上《刑法》中规定的额外处罚，例如法律实体的解散和清算，司法部门监督下的安置，禁止开展活动，取消公开招标资格，所有权出售和没收物品的销毁，没收第三方权利，决定公布，以及通过视听通信广播决定。[258]

---

[257] 《地理标志法》，第 39 条
[258] 同上

第6章：

其他形式的知识产权

最后一章简要介绍了柬埔寨两种新兴的知识产权形式，以及对未来前景的讨论。

集成电路布图设计

根据 2011 年 3 月 16 日发布的《集成电路布图设计指引法令（宣告）》，集成电路，通常被称为半导体或微芯片，在柬埔寨属于特殊形式的知识产权。布图设计可在工业和手工业部下属的工业产权局注册。

在公告中，集成电路被定义为"一种处于成品形状或中介形式的产品，其中的元素至少有一个是有源元件，并且部分或者全部互连线路整体形成一块材料或在一块材料中，并且旨在执行电子功能。"[259] 布图设计的定义是"集成电路中至少有一个是有源元件的两个以上元件和部分或

---

[259] 《集成电路布图设计指引法令（宣告）》，第 3(2)条

71

者全部互连线路的三维配置，或者为制造集成电路而准备的上述三维配置。"[260]

若要注册，布图设计在世界上任何地方必须之前未经过商业利用，或者受制于商业利用未超过两年时间。[261]设计必须是原创的，即为创作者自己努力的结果，并且在创作时并不普遍。[262]

申请表格必须连同以下内容提交[263]：

- 集成电路的名称，

- 商业利用信息，

- 优先权要求（如适用）

- 附件，包括集成电路布图设计的任何照片/图纸和说明，

- 授权委托书，如果申请人由代理人代理

- 关于任何先前国际注册的信息和表明这种注册的证据

- 官方费用付款收据。

---

[260]《集成电路布图设计指引法令（宣告）》，第 3(1) 条
[261]《集成电路布图设计指引法令（宣告）》，第 5 条
[262]《集成电路布图设计指引法令（宣告）》，第 7 条
[263]《集成电路布图设计指引法令（宣告）》，第 12 条

如果申请符合宣告中规定的要求，注册处将在集成电路布图设计注册之前，在工业产权公告中发布必要的信息。[264]任何利害关系人可以在公布之日起 30 天内提出异议。[265]

在最终注册后，根据任何利害关系人的要求，布图设计可能会基于以下理由无效：[266]

- 集成电路的布局设计在世界上任何地区都有商业利用，利用时间超过两年，或者不是原创的；

- 所有者不是《宣言》下的受保护人。

集成电路注册所有者可以合法地禁止他人：[267]

- 复制全部或部分内容，但复制任何不符合独创性要求的部分的行为除外，以及

- 出于商业目的进口，销售或以其他方式分发受保护的布局设计或任何包含受保护的布局设计的材料，除非得到所有者的授权。

保护期限自提交之日起 10 年内（如果设计未在世界任何地方进行商业利用）或其他初始商业利用日期。[268]

------

[264]《集成电路布图设计指引法令（宣告）》，第 15(1)条
[265]《集成电路布图设计指引法令（宣告）》，第 15(2)条
[266]《集成电路布图设计指引法令（宣告）》，第 16 条
[267]《集成电路布图设计指引法令（宣告）》，第 9 条
[268]《集成电路布图设计指引法令（宣告）》，第 11 条

迄今为止，注册处尚未收到任何布图设计注册申请。预计未来将颁布完整的法律来取代目前的《宣言》。

植物育种者权利

2008年4月8日通过的《种子管理和植物育种者权利法》在某些情况下为新的植物品种创造了知识产权。虽然该法已实施近十年，但尚未制定实施细则，该系统基本上未经测试，尚未有任何申请提交。

如果品种是新颖的，独特的，一致的和稳定的，则可以受到保护。[269]新颖性标准要求，截至提交日期，该品种在柬埔寨尚未售出或以其他方式在市场上推广一年以上，或者在树木或葡萄藤的情况下超过六年，或者所有在柬埔寨以外其他品种超过四年。[270]独特性要求，与其他在申报时或优先权日期已存在并众所周知的植物品种相比，该新品种必须可以与之明显区分开来。[271]均匀性要求新品种在其相关特性上足够统一，无论它是以性方式还是无性方式繁殖。[272]最后，如果一个品种的相关特性在繁殖周期结束时和每一代中保持不变，则认为该品种是稳定的。[273]

---

[269]《种子管理和植物育种者权利法》，第6条
[270]《种子管理和植物育种者权利法》，第7条
[271]《种子管理和植物育种者权利法》，第8条
[272]《种子管理和植物育种者权利法》，第9条
[273]《种子管理和植物育种者权利法》，第10条

申请人必须成功培育，发现和开发了该植物品种，并且是柬埔寨国民，或者是以柬埔寨为家乡，惯常居住在国际植物新品种保护联盟（UPOV）成员国，或与柬埔寨签订互惠谅解备忘录的国家。[274]植物品种可以在工业和手工业部注册，工业和手工业部会将此申请委托给农业、林业和渔业部 进行技术测试。[275]该法律规定，申请表应附有工业和手工业部决定意见所要求的其他文件和资料，但尚未印发。若农业、林业和渔业部的技术测试结果良好，并且品种命名是可以接受的，则注册处必须授予证书并在官方公告中发布通知。[276]异议提交日期为公布之日起三个月。[277]

申请人可以根据过去 12 个月内在国际植物新品种保护联盟成员国内提交的外国申请，提出优先权日期要求。[278]

除了四项技术标准（新颖性，独特性，一致性和稳定性）之外，申请人必须根据法律规定为品种命名或指定一个名称。[279]这些命名必须已经在国际植物新品种保护联盟(UPOV)成员国中指定或注册。[280]即使在植物育种者权利期满后，那些在柬埔寨利用受保护品种的人也必须使用植物的已注册命名，除非有一个在先权可以阻止此类使

---

[274] 《种子管理和植物育种者权利法》，第 13 条
[275] 《种子管理和植物育种者权利法》，第 11 条
[276] 《种子管理和植物育种者权利法》，第 30 条
[277] 《种子管理和植物育种者权利法》，第 32 条
[278] 《种子管理和植物育种者权利法》，第 24 条
[279] 《种子管理和植物育种者权利法》，第 26(a)条
[280] 《种子管理和植物育种者权利法》，第 26 条

用。[281]命名也可以是商号，商标或其他类似标志的标志。[282]

任何人出于繁殖目的生产或复制或调整，要约销售，销售或营销，进口或出口或库存受保护的品种均应被认定为侵权。[283]保护范围涵盖以下所有类别 a）基本上衍生自受保护品种，b）与其没有明显区别，c）其生产需要重复使用受保护品种。[284]该产权受到若干重要限制，即出于实验，私人和非商业目的，以及为了培育其他品种为目的，还有某些例外情况。[285]此外，任何人都可以要求工业和手工业部 和农业，林业和渔业部授予基于公共利益的强制许可，前提是权利所有者得到了适当报酬。[286]

保护期限一般为自授予之日起 20 年，但具有特殊特征的品种除外（例如树木和葡萄树），年限为 25 年。[287]可能会要求所有权人向注册处提供一份繁殖材料样品，以及其他关于该品种的可用信息，以维护其权利。[288]必须支付年度维护费才能保持注册有效。[289]

权利受到损害的权利人可以向主管法院提起申诉，要求索偿损失，采取临时措施防止侵权，罚款，扣押和销毁

---

[281] 《种子管理和植物育种者权利法》，第 27 条
[282] 同上
[283] 《种子管理和植物育种者权利法》，第 15 条
[284] 同上
[285] 《种子管理和植物育种者权利法》，第 16 条
[286] 《种子管理和植物育种者权利法》，第 35 条
[287] 《种子管理和植物育种者权利法》，第 19 条
[288] 《种子管理和植物育种者权利法》，第 18 条
[289] 《种子管理和植物育种者权利法》，第 37 条

侵权物品和/或赔偿金。[290]法律规定只有在被告人故意侵权的情况下才会受到刑事处罚，可判处五百万至二千万里尔（1250 至 5000 美元）罚金，一至五年监禁或两者并罚。[291]屡犯者的处罚力度将翻倍。[292]

未来发展

虽然近年来柬埔寨的知识产权情况取得了重大进展，并且颁布了各项重要法律和实施条例，并且加入了诸如《马德里议定书》，《专利合作条约》和《海牙公约》等条约，但仍然存在重要的不足有待弥补。其他一些知识产权法草案已经制定，其中包括加密的卫星信号，未披露的信息和商业机密，公共卫生强制许可以及反垄断法。在一些情况下，这些草案在立法过程的不同阶段中一直处于待决状态，很难预测它们是否颁布以及何时颁布。

---

[290] 《种子管理和植物育种者权利法》，第 70 条
[291] 《种子管理和植物育种者权利法》，第 72 条
[292] 同上

索引

索引

索引

索引

索引

索引

快速参考：商标

适用法律法规（已选）

- 《商标、商号和不正当竞争行为法律》

- 《商标、商号和不正当竞争行为法律实施次级法令》

- 《关于商标注册最低要求的公告》

- 《关于许可合同和特许经营合同备案的公告》

- 《关于集体商标注册的公告》

- 《关于商标使用种专用权确认的指示》

- 《独家经销权备案程序的指引法令（宣告）》

- 《认证标志注册和保护程序的指引法令（宣告）》

- 《在线提交商标申请程序的指引法令（宣告）》

申请提交要求

- 申请人的全名；

- 申请人的详细地址；

- 每个分类 15 份标志图样；

- 国际分类，以及商品和/或服务规范；和

- 优先权文件的经核证副本（如适用）

- 已公证的委托授权书（如适用）

期限 & 续展要求

- 自提交申请起的 10 年期限

- 每期 10 年，无限期续展

- 使用或不使用宣誓书必须在注册的第五年内提交

官方费用

- 申请提交：每个分类 105 美元

快速参考：专利

适用法律法规（已选）

- 《专利、实用新型证书和工业品外观设计法》

- 《专利、实用新型证书和工业品外观设计法》第 37，38，109 和 136 条法律修订

- 《关于授予专利和实用新型证书程序的指引法令（宣告）》

- 《关于加速日本专利申请的专利注册程序的指引法令（宣告）》

- 《新加坡专利注册指引法令（宣告）》

申请提交要求

- 申请人和发明人的全名，地址和国籍；

- 专利国际分类

- 优先权要求信息和经认证的申请副本（如适用）

- 专利说明书（名称，说明，权利要求，摘要和附图）

- 已公证的委托授权书

- 经过公证的证明申请人权利的声明原件

期限 & 续展要求

- 自申请日起 20 年，每年收取维护费

官方费用

- 申请提交：最多 10 项要求 + 每项额外要求需支付 5 美元

- 授予证书：150 美元

- 出版物：30 美元

快速参考：版权

适用法律法规（已选）

- 《版权和相关权利法》

- 《集体管理组织指引法令》

申请提交要求

- 作者全名

- 作品首次发布日期

- 作品创建日期

- 著作权记录

- 已公证的委托授权书（如适用）

期限 & 续展要求

- 大部分作品：作者的一生 + 50 年

- 匿名，假名作品，集体作品，视听作品和作者生前未公开发表的遗作：发布后 75 年

- 表演作品：自固定录制起 50 年，若不固定则自表演起五十年

- 录音制品：自发布起 50 年，若未发布则自固定起五十年

- 广播：自广播起 50 年

官方费用

- 申请提交：15 美元

快速参考：工业品外观设计

适用法律法规（已选）

- 《专利、实用新型证书和工业品外观设计法》，2003 年

- 《工业品外观设计注册指引法令（宣告）》，2006 年

- 《新加坡专利和工业品外观设计注册指引法令（宣告）》，2016 年

申请提交要求

- 申请人和发明人的姓名，地址，国籍和联系方式；

- 工业品外观设计的名称；

- 工业品外观设计的国际分类；

- 指示将使用该工业品外观设计的产品的种类；

- 工业品外观设计的新颖性标示和可保护点；

- 工业品外观设计的简要说明；

- 对于物品的图纸，照片或其他图形展示；

- 一份经过公证的原始委托书（如适用）；

- 一份经过公证的证明申请人权利的声明原件（如适用）；

- 若提出要求，则需优先权要求文件的认证副本及其英文译文。

期限 & 续展要求

- 自申请提交起五年的初始期限

- 每期年共续展两期，总共 15 年

官方费用

- 申请提交：20 美元

- 签发：50 美元

- 出版物：30 美元

关于作者

Pheng Thea

Pheng Thea 是 Abacus IP 的联合创始人，这是一家位于柬埔寨王国的知识产权代理机构，提供全方位的服务。Pheng先生是一位经验丰富的知识产权专家，已获得柬埔寨知识产权局的许可，经世界知识产权组织认证。

在成立 Abacus IP 之前，Pheng 先生在一家领先的柬埔寨律师事务所中领导知识产权公诉实践。他的工作涉及数百个商标，专利，工业品外观设计和其他形式的知识产权的注册和维护，代表了来自世界各地的发明者和企业。

Pheng先生毕业于柬埔寨智慧大学法律系。此外，他还持有世界知识产权组织和南非大学的知识产权专业认证。

关于作者

David Haskel

David Haskel 是 Abacus IP 的联合创始人兼主管人，这是一家位于柬埔寨王国的知识产权代理机构，提供全方位的服务。David 是加利福尼亚州律师协会的成员，在柬埔寨知识产权所有领域都有广泛的实践

在成立 Abacus 知识产权之前，David 曾在柬埔寨金边一家著名律师事务所担任主理合伙人，代表广泛的商业和知识产权事务的客户。他在硅谷，旧金山和柏林的律师事务所拥有进一步的法律经验。在进入法律界之前，David 曾在旧金山的一个非党派智囊团担任研究助理。

David 持有加州大学伯克利分校的法学博士学位，专攻法律和技术领域，并且持有加州大学伯克利分校的政治经济学学士学位。他还曾在巴黎政治大学和北京清华大学学习过，掌握英语，法语，德语和普通话。